*Linnea Mohr*

# Die Rettung von Immerfroh

## Impressum

Bibliografische Information der Deutschen
Nationalbibliothek:
Die Deutsche Nationalbibliothek verzeichnet diese
Publikation in der Deutschen Nationalbibliografie; detaillierte
bibliografische Daten sind im Internet über
http://dnb.dnb.de abrufbar.

Text: Linnea Mohr

Titelbild: Linneas Zeichnungen von Sally (links) sowie Kara,
Sirin, Johanna und Linnea in ihrer jeweiligen Gug-Gestalt.

Redaktion: Dr. Tilmann Mohr, Kiel-Suchsdorf

Herstellung und Verlag: BoD – Books on Demand,
Norderstedt

ISBN: 978-3-7519-5981-0

# VORWORT

Neben vielem anderen führte „Corona" dazu, dass die Klasse 4 e der Grundschule Suchsdorf in Kiel auch auf ihre Klassenfahrt verzichten musste. Die Klassenlehrerin, Frau Mäver, gab im Rahmen des Home-Schooling gegen Ende des Schuljahres die Aufgabe, einige phantasievolle Gedanken über eine ganz spezielle, virtuelle Klassenfahrt zu entwickeln. Die Zauberklassenfahrtsbrille war das Mittel, um auf diese Klassenfahrt zu gehen.

Das Ergebnis von Linnea ist nachfolgende Kurzgeschichte, die im Juni 2020 innerhalb von gut einer Woche entstand  Der Text ist nahezu unverändert. Im Wesentlichen wurden nur einige Rechtschreib- und Grammatikkorrekturen behutsam vorgenommen. Wir Eltern haben den Text abgetippt und als kleine Kompensation für viele Corona-bedingte Verluste und zur Erinnerung an eine schöne Grundschulzeit für Linnea in Buchform gebracht.

Fam. Mohr

Kiel-Suchsdorf, im Juni 2020

# INHALT

# 1. DIE

# ZAUBERKLASSENFAHRTSBRILLE

Wegen Corona musste leider unsere Klassenfahrt ausfallen. Deshalb brachte uns unsere Klassenlehrerin Frau Mäver eine Zauberbrille mit. Wenn man sie aufsetzte, konnte man die abenteuerlichste Klassenfahrt erleben. Wir setzten jeder eine Brille auf und los ging es: Wir flogen durch Raum und Zeit, bis wir plötzlich wieder Boden unter den Füßen hatten. Es war ein warmer, tropischer Ort. Johanna sagte: „Kommt, lasst uns die Gegend erkunden!" „Au ja", sagten Luise und ich wie aus einem Munde. Doch plötzlich fiel Kara durch ein Loch, das sich auf einmal geöffnet hatte. Luise streckte den Kopf in das Loch und rief: „Kara. Kara!" Aber sie hatte nicht mit Larissa gerechnet. Larissa stolperte über Luises Beine und schubste sie aus Versehen in das Loch.

„Ahhhhhh", hörte man nur noch. Sofort sprang ihr Johanna hinterher. „Warte!", rief Iklim, „du kannst doch nicht einfach da rein springen…". „Hör auf, das bringt nichts", unterbrach ich sie. „Ich schlage vor, wir gehen da jetzt alle rein", sagte Larissa. Wir sprangen in das Loch. Und auf einmal spürten, sahen, hörten und fühlten wir nichts mehr…

Es war Morgen und ich wachte gerade auf. War
das alles nur ein Traum gewesen? Es hatte sich so
echt angefühlt. Ich schaute mich um. Überall
standen Betten herum und in jedem lag ein Kind.
Doch kein Traum. Das waren ja die Mädchen aus
meiner Klasse! Emily, Iklim, Larissa, Elena, Miriam,
Kara, Luise, Sirin, Johanna und ich. Wir waren 10.
Auf einmal hörte ich Stimmen. Aber ich kannte sie
nicht. Die Tür öffnete sich und herein trat ein
freundlich aussehendes Wesen. Es sprach mit
einer sanften Stimme, bei der einem einfach warm
werden musste: „Hallo, ich bin Sally. Ich bin so
aufgeregt. Ihr müsst wissen, wir haben Jaaaahhhre
lang keinen Besuch mehr bekommen." Ich traute
mich als erste, etwas zu sagen und fragte: „Wo
sind wir hier?" Sally antwortete: „Ihr seid im Land
Immerfroh. Denn wir sind immer nett, freundlich

und hilfsbereit. Nicht so wie die hinter der Schlucht der Unsterblichen. Diese Gemeinijaner. Die sind böse, gemein – und süchtig nach Gold." Sie machte eine Pause und sprudelte wieder los: „Sie haben uns schon oft angegriffen, aber wir konnten sie bisher abwehren. Es heißt, sie sollen die gefährlichsten Gugs in der Guggalaxie sein ..." – „Was?", unterbrachen wir sie: „In der Guggalaxie?" Da klopfte es an der Tür.

Sally verabschiedete sich kurz und zeigte uns das Bad. Dann ging sie mit der Frau, die in der Tür erschienen war, zum König. Wir aber redeten über das Ganze. – *Blablablabla.* – Man verstand nichts. Da kam Sally zurück und sagte: „Kommt mit!" Sie brachte uns durch einen schwarzen, mit Neon verzierten, Formen-Gang, der in einer großen, hellen Halle endete. Vor einer Tür standen alle Jungs aus meiner Klasse, und ein Gug stand bei ihnen. „Der Gug ist mein Bruder James", sagte Sally: "Die Jungs sollen auch zu meinem Vater." „Zu deinem Vater, dem König?", fragten wir verdutzt. „Ja, keine Ahnung, warum. Aber kommt jetzt. Er mag es nicht, wenn man sich verspätet." Als wir die Tür erreicht hatten, tauchten plötzlich aus dem Nichts zwei Gugs auf und fragten grimmig: „Passwort?"

Miriam stotterte: „Äh, Sally, was für ein Passwort?" „Herein", sagten die beiden Gugs plötzlich freundlich. Wir gingen mit den Jungs in einen wunderschönen Raum. Dessen Wände waren verziert mit Gold und in der Mitte war ein prächtiger Thron. Auf ihm saß ein Gug. Der König. „Guten Tag", sagte er. „Ich schlage vor, dass ihr Guenschen werdet." Was sind Guenschen?" traute sich Emily zu fragen. „Guenschen sind Menschen, die sich in Gugs verwandeln können."

„Wie?", wunderte sich Elena, „Wir sollen was?"

„Ihr sollt geschützt sein", erwiderte der König. „Ja,

denn die Gemeinijaner haaaaaaaaaaassssen

Menschen", unterstütze Sally ihren Vater.

„Außerdem bekommt ihr ja noch eine besondere

Kraft." „Erzählt mehr darüber", meldete sich Jakob

zu Wort. „Okay, Sally, du kannst doch so gut

erzählen. Mach du es!", meinte der König. „Also,

ihr alle bekommt eine Kraft so wie das

Hervorbringen von Eis, Feuer, Blumen und, und,

und … Auch sich unsichtbar machen zu können, ist

für alle damit verbunden, wie ihr schon gesehen

habt". „Häh? – Ach so, diese Wachen", sagte Sirin.

„Ihr müsst nur einen Zettel ausfüllen und dann

würde mein Vater euch zu Guenschen machen",

fuhr Sally fort. „Also, wer möchte?" Alle meldeten

sich.

„Okay, ihr müsst hier und hier unterschreiben".
Der König rief uns alle nacheinander auf und
verwandelte uns. Es war ein schönes, neues
Gefühl, das angenehm kribbelte. Wir konnten uns
einfach so verwandeln. „Cools" und „Wows" und
„Boas" hörte man überall und wir probierten das
Unsichtbarsein aus. Doch andere Kräfte brachten
wir nicht heraus. Hatte Sally uns angelogen? Gab
es gar keine Kräfte? Nein, das konnte nicht sein.
Oder doch?

„Sally, ich glaube, unsere Gäste zweifeln an den P. K.", sagte der König. „P. K.? Was ist das?", fragte Miriam. Sally antwortete: „Die P. K. sind die „Privaten Kräfte". Man muss sie erst erlernen. Ich zum Beispiel habe die P. K. „Pflanzen". Hier, seht!" Sie ließ eine Sonnenblume wachsen. James berichtete: „Ich habe die Kraft „Eis"." Er zauberte ein Eiskristall. „Johanna", meldete der König sich zu Wort, „du hast wahrscheinlich die P. K. Metall. Nimm dich vor den Gemeinijanern in Acht, denn sie wollen ja Gold. Und Gold ist Metall. Luise, du kannst auf Wolken gehen, fliegen, und etwas zum Fliegen bringen. Elena, du kannst Feuer entfachen. Iklim, du kannst Wasser hervortreten lassen Linnea – *das war ja ich* – du hast die Stein-Kraft. Emily, du kannst Leute zum Lachen bringen.

Sirin, du kannst mit Tieren reden. Larissa, du kannst Leute hypnotisieren. Kara, du kannst deine Guggestalt in alle anderen verwandeln und Miriam, du kannst Sachen erfinden. – Aber um das zu können, müsst ihr erst einmal an die Gugfroh-Highschool gehen und das Ganze lernen. Wenn ihr die Kräfte beherrscht, könnt ihr sie auch als Mensch benutzen. Am besten, ihr fangt gleich mit der Schule an!"

Wir gingen wieder durch die helle Halle und durch den dunklen Gang. Dann führten Sally und James uns zu einem großen Gebäude. „Das ist unsere Schule", erklärten sie, „kommt mit!" Wir gingen durch den Schuleingang. Die Gugs nennen ihre Schule nur die Gugfroh High, so wie wir das Ernst-Barlach-Gymnasium nur das EBG nennen. Die Gugfroh High war eine gemütliche Schule. Die Gugs gingen gelassen durch die Gänge und schauten uns heimlich an, obwohl wir in unserer Guggestalt waren. Vielleicht spürten sie, dass wir irgendwie anders waren. Sally und James steuerten auf eine Tür mit der Aufschrift „Guenschen" zu und öffneten sie. Ein einladender Klassenraum verbarg sich hinter der Tür und ein Gug saß in ihm.

„Ich bin Mr. Nuff, euer Lehrer", sagte er mit einer netten Stimme, „fangen wir gleich an." Am Ende des Tages hatte jeder seine Kraft mindestens zwei Mal benutzt und wir hatten herausgestellt, dass Johanna ihre Gestalt bei Hitze und Kälte veränderte. Ich konnte Leute in Statuen verwandeln und Statuen in Lebewesen. Wir beide waren auch sehr stark. Nach einer Woche konnten wir unsere Kräfte auch in unserer Menschengestalt benutzen. Mr. Nuff war ein sehr guter Lehrer. Er hatte die Kraft, Gedanken lesen zu können.

Biiiiiiiiiiiehp, biiiiiiiiiiiehp, biiiiiiiiiiiehp wurde ich geweckt. Es war mitten in der Nacht. Ein paar Gugs stürmten in unser Zimmer und befielen uns: „Kommt schnell mit und verwandelt euch in eure Guggestalt!" „Was ist denn los?" fragte Elena verschlafen. Sie antworteten einfach nur: „Kommt jetzt!" Wir verwandelten uns und gingen den Wachen hinterher. Sie brachten uns in die große, helle Halle. In der Halle waren schon sehr viele Gugs. Es waren Wachen, die Jungs aus unserer Klasse, Schüler der Gugfroh High, Sally, James, andere erwachsene Gugs, der König und wir. Mr. Nuff ließ sich von einem Gug ein Podest richten und stieg darauf. Er sprach: „Liebe Immerfrohianer! Der Alarm wurde ausgelöst, weil die Gemeinijaner angreifen. Gehen Sie bitte alle in ihre Schutzräume!"

Alle Gugs außer den Wachen, unserer Klasse, Sally, James, Mr. Nuff und dem König gingen. Dann wandte sich Mr. Nuff uns zu und redete weiter: „Geht nun bitte mir nach in X 234!" X 234 wurde hier unsere Klasse zur Tarnung genannt. Mr. Nuff führte uns durch eine Falltür, die mir noch nie aufgefallen war, in einen gemütlich eingerichteten Raum. Er sagte: „Verlasst diesen Raum unter keinen Umständen! Und wehrt Euch mit allen Kräften, wenn jemand probiert, euch zu entführen!"

Ein Schauer lief über unsere Rücken, als wir hörten, dass wir entführt werden könnten. Mr. Nuff verließ uns und sagte noch: „Ich ziehe jetzt in den Kampf. Richtet bloß nichts an. Sally und James kommen gleich auch noch." *Knaaarz* – machte es, als die Falltür zuging und Mr. Nuff rausging und Sally und James hereinkamen. „Hi!", sagte Iklim unsicher, „wie ist der Kampf so für euch?" „Ehrlich gesagt", meinte Sally, „ist das der heftigste Kampf, den es bisher hier gab. Und die Gemeinijaner scheinen alles genau geplant zu haben. Das ist seltsam, weil sie sonst nur einfach so angreifen." *Bumm* – machte es ganz laut, und wir erschraken alle. „Macht euch unsichtbar!", flüsterte James. Wir machten es. Ein Gug, der einen seltsamen Umhang hatte, trat hervor und sprach mit einer verächtlichen Stimme, „Ich weiß, dass ihr hier seid.

21

Hähähä. Ihr habt keine Chance zu entkommen, denn meine Kollegen stehen alle vor der Tür!" Er schnippte kurz mit dem Finger und wir waren alle wieder sichtbar. Dann pfiff er auf den Fingern und weitere fünf Gugs in Umhängen kamen in den Raum. „Die da!", sagte der erste Gug und zeigte auf Johanna. Die fünf anderen gingen auf Johanna zu und packten sie. Wir probierten, ihr mit unseren Kräften zu helfen. Doch es brachte nichts. Johanna war entführt.

„Das geht nicht!", rief ich verzweifelt, „Das kann nicht wahr sein. Johanna kann einfach nicht entführt sein." Sally probierte, mich aufzuheitern. Aber es brachte nichts. Unsere Klasse besprach sich kurz und dann war klar, was wir machen wollten. „Wir werden uns auch entführen lassen und dann Johanna retten", erklärte Hans Sally und James. „Was? Niemals!", protestierten Sally und James zugleich. Doch als Lars sagte, „Ich dachte, Immerfrohianer wären immer hilfsbereit. Aber wenn das so ist, dann stimmt das wohl doch nicht." Da konnten die beiden nicht mehr ablehnen und kamen sogar mit. Unser Plan ging auf. Wir wurden entführt. Als wir hinter der Schlucht der Unsterblichen waren, schafften wir es, uns mit unseren Kräften zu befreien und flogen mit Luises Hilfe nach Gemeinijanien.

Von oben hatte man einen guten Überblick. Wir sahen große, dunkle Gebäude und wussten, da müssen wir hin. Wir landeten auf einem Gebäude und ich schaffte es, die Decke zu durchbrechen. Dann flogen wir durch die Öffnung und schauten uns um. Als ein Gemeinijaner auf uns zu kam, nutzte Emily ihre Kraft, Leute zum Lachen bringen zu können, und er bekam einen Lachanfall. Wir gingen weiter und kamen zu Verließen. In einem saß Johanna.

„Johanna, geht's dir gut?!", wollte Elena losstürmen. Doch Sally hielt sie zurück und warnte: „Aufpassen! Da versteckt sich ein Gemeinijaner!" Sie zeigte auf den Boden vor dem Verließ, in dem Johanna war. Und tatsächlich saß dort ein Gug. Er hatte einen Umhang an wie die anderen Gemeinijaner, die wir gesehen hatten. „Kara", schlug Miriam vor, „verwandle dich doch in eine Gemeinijanerin und sage dem Gemeinijaner dort, dass du ihn ablösen sollst." „Gute Idee", meinte Sirin, und Kara tat es. „Chrn, chrn", räusperte sie sich. Der Gemeinijaner drehte sich zu ihr um: „Kein Betreten für Unbefugte!" „Ich bin aber nicht unbefugt", protestierte Kara, „ich soll dich ablösen." „Oh klar, Verzeihung," sagte der Gemeinijaner kleinlaut. Er ging. Jetzt hatten wir freie Bahn.

Ich probierte mit bloßer Hand, das Verließ aufzustemmen. Aber es funktionierte nicht. Johanna seufzte: „Man kann das Verließ nur mit einer Klaue von so einem gefährlichen Wassertier, einem Pricklo, öffnen. Es lebt weit weg." Sie wurde von Arne unterbrochen: „Linnea, du kannst diese Klaue doch einfach aus Stein nachbilden!" „Ja, stimmt, das mache ich. Super Idee!", sagte ich. Und tat es. Wir schlossen das Verließ auf. Johanna war frei.

„Johanna", fragte James, „weißt du, warum die Gemeinijaner uns angreifen?" „Ja, sie wollen irgendeine Imfroh-Kugel stehlen, mit der sie Immerfroh beherrschen wollen", berichtete Johanna. „Man kann sie nur aufhalten, wenn man die Gem-Kugel stiehlt." „Oh nein", stöhnte Sally, „die Sagen stimmen dann wohl." Ich meldete mich zu Wort: „Johanna, weißt du, wo diese Gem-Kugel ist?" „Nicht genau", sagte sie, „die Gugs, die ich belauscht habe, haben gesagt, dass sie doppelte Wachen beim Pricklofelsen aufstellen wollen, damit die Gem-Kugel geschützt ist." „Dann los, worauf warten wir?!", trieben Sally und James uns an, „schließlich steht Immerfroh auf dem Spiel!" „Aber wir wissen doch gar nicht, wo wir hin müssen, wie wir dahin kommen sollen und was uns erwartet", sagte Larissa. „Doch", erwiderte Sally:

27

„Wo? In Pricklonien. Was uns erwartet? Wachen und Pricklos. Und wie wir hinkommen? Miriam kann was aus dem da erfinden." Sally zeigte auf die Trümmer, die wir am Eingang zum Verließ hinterlassen hatten. „Na dann los," meinte Iklim, „wir schaffen das."

Miriam hatte schnell etwas gebaut, mit dem wir nach Pricklonien reisen konnten. Es sah so ähnlich aus wie ein riesiger Stift, aber flog so wie ein Flugzeug. Mit dieser Maschine kamen wir schon nach einer halben Stunde an, denn das Fluggerät schaffte eine Geschwindigkeit von 2050 km/h. Sally gab uns beim Fliegen Bericht: „Pricklonien heißt so, weil es nur dort Pricklos gibt." „Sind Pricklos nicht gefährlich?", fragte Friedrich neugierig, „Äh", sagte sie unsicher, „Ja, aber nur, wenn man sie reizt." Wir landeten auf einer Wiese mit schwarzen Blumen. „Ich würde sagen, wir teilen uns auf," schlug Kara vor. Mit der Zustimmung von uns allen taten wir das. Als erstes fand unsere Gruppe etwas und ich ließ einen langen Stab aus Stein aus meiner Hand in den Himmel wachsen.

Schnell kamen die anderen Gruppen und fragten, was los ist. „Seht mal, da stehen ganz viele Gemeinijaner vor der Höhle," klärte ich auf. Wir machten uns unsichtbar und gingen vorsichtig an den Wachen vorbei. Als wir in der Höhle waren, sagte James: „Wer die Kugel als letztes angefasst hat, dem dienen die Gemeinijaner. Deshalb muss einer von uns sie anfassen und später dann mein Vater."

Wir fanden einen Gang, der von der Höhle wegführte und gingen ihn entlang. Da sahen wir eine Kugel. „Die Gem-Kugel", flüsterte Sally. „Warum flüsterst du, Sally?", fragte ihr Bruder James. Sally antwortete zickig: „Weil man bei spannenden Momenten immer flüstert und …" „Pssssssst!" unterbrach ich die beiden. „Ich habe was gehört. Seid mal leise und lauscht! Da, schon wieder!" „Das hört sich an wie ein Planschen. Nein, wie ein, wie ein, ein, ein, ähm, äh" überlegte Luise. „Wie ein Pricklo!", unterbrach James sie mit einem käsebleichen Gesicht. „Ein, ein, ein Pricklo?", stotterte Sally. So ängstlich, wie sie jetzt war, hatte ich sie noch nie gesehen. Auf einmal kam ein riesiges Etwas aus der Dunkelheit hervor und fauchte uns böse an. Sirin schrak zurück und vermutete: „Er möchte uns vernichten,

weil wir die Gem-Kugel gesehen haben." „Was?!",
erschraken wir, „vernichten?!" Aber wieder mal
hatten wir nicht mit Larissa gerechnet. Sie
benutzte ihre Kraft „Hypnotisieren": *„Pradedidodu
Lurulorulu dududu hentiesu!"* Auf einmal funkelten
die Augen des Pricklo in allen möglichen Farben.
Dann grunzte er einmal und Sirin, die ja mit Tieren
reden konnte, übersetzte: „Es gibt eine
Alarmanlage. Man kann sie dort abstellen." Sie
zeigte auf einen großen Stein und redete weiter:
„Der Pin ist 1058376938902228." Ich ging zu dem
Stein, auf den sie gezeigt hatte und gab den Pin
ein. Es klickte, und Funken erhellten den Raum
dahinter. James ging auf die Kugel zu und berührte
sie. Auf einmal hörten wir Jubelgesänge von
draußen vor der Höhle. Als wir den Gang
zurückkehrten und die Höhle verließen, sahen wir,
dass es die Gemeinijaner waren. Und als sie James
erblickten, jubelten sie noch mehr.

Mit ihnen zusammen reisten wir zurück nach Immerfroh, und dort gehorchten die Gemeinijaner dem König. Seitdem leben sie als Immerfrohianer in Immerfroh und sind zufrieden und glücklich.

Wir aber mussten ja zurück in unsere Welt und überlegten mit Mr. Nuff, dem König, Sally und James, wie wir in Kontakt bleiben könnten. Mr. Nuff hatte *die* Idee: „Ihr könnt ja in eurer Schulzeit jeden Freitag zu uns kommen. Wir können jedem von Euch eine Portal-Münze geben. Das sind Münzen, mit denen ihr euch hierher teleportieren könnt." „Au ja, das ist eine tolle Idee!", riefen wir vor Freude. „Öchem, öchem", machte es plötzlich hinter uns und wir drehten uns um. Da stand Frau Mäver. Sie sagte: „Entschuldigung, ich konnte euch leider nicht früher treffen, weil ich eine starke Erkältung hatte. Aber ich habe von eurer Rettung der Immerfrohijaner gehört. Toll!" Mr. Nuff erzählte ihr die Idee mit den Münzen. Sie war auch begeistert. Deshalb bekamen wir alle eine Münze und besuchten sie regelmäßig. Nun war alles gut.